EST-CE QUE TU M'AIMES VRAIMENT?

Isabelle Bernier

Est-ce que tu m'aimes vraiment?

Isabelle Bernier

Avec la participation spéciale d'Izna Audy Bernier

isabellebernierconnexion@gmail.com

Illustrations : Isabelle Bernier

Dépôt légal – Bibliothèque et archives nationale du Québec, 2017

ISBN : 978-2-9816809-2-1

Magog, Québec

EST-CE QUE TU M'AIMES VRAIMENT?

Isabelle Bernier

À Izna, l'aînée de notre petite famille, une incroyable créative, toujours la tête et le cœur remplis d'idées et de projets pour les jours à venir.

Un soir où nous nous préparions pour le dodo, tu m'as demandé : « maman, est-ce que tu m'aimes vraiment? » Ce soir-là, je me suis dit que ta question était importante. Que j'avais probablement oublié, de nombreuses fois, de te le faire sentir.

À chacune de nos fins de journées, lorsque je viens te border, que je t'aide à placer tes couvertures et que c'est l'heure de se dire « bonne nuit », je prends le temps de te dire

« je t'aime ». Je te le dis parce que je le ressens, parce que j'y crois et aussi parce que je le pense.

Je me demande souvent si tu peux le ressentir. Ressentir, c'est entendre ce qui se passe dans ton corps (percevoir les sensations) lorsque tu vis quelque chose. Ça peut être doux, donner des frissons, être agréable, triste ou encore douloureux. Parfois, tu peux y arriver alors que d'autres fois, cela peut te sembler plus difficile.

Comment est-ce que je me sens?

Par exemple, lorsque nous nous disputons, l'amour peut paraître bien loin. On peut parler fort, être en désaccord (avoir une opinion différente) et faire des erreurs. Il arrive même qu'on refuse d'admettre que quelque chose ne va pas.

Les disputes, c'est difficile. Et c'est lourd aussi. Enfin, moi, je n'aime pas ça, mais je sais qu'elles se produisent. Je sais aussi qu'elles font partie de nos vies à tous (les humains ET les animaux) et qu'elles ne signifient pas qu'on ne s'aime pas.

On pourrait se dire que les différents – et nos différences · font réfléchir. À l'amour, par exemple. Qu'est-ce que ça veut dire?

Eh, bien, que l'amour existe, dans nos cœurs, et se cache parfois plus loin que les apparences. L'amour n'a pas de limites. L'amour, c'est comme une porte. Une porte sur un soleil qui nous réchauffe juste assez, qui nous fait du bien et qui nous permet de nous sentir en sécurité. L'amour n'est pas toujours facile à voir, à sentir ou à trouver. Enfin, pas pour tout le monde. Il arrive même qu'on ait besoin d'apprendre à le partager.

Pour plusieurs, l'amour peut faire peur. Pourquoi donc?

Bien, tu sais, l'amour, c'est gros. En fait, c'est tellement gros que c'est immense et que ça dépasse toutes les grosseurs de valises, toutes les grosseurs de cœurs, toutes les grandeurs du monde même.

L'amour, c'est gros!

Alors comment, me diras-tu, peut-il être possible de transporter cet amour et de le donner à quelqu'un? Personne ne peut mettre ça dans ses bagages!

Moi, je crois que l'amour existe et fait partie de nous grâce à notre capacité de ressentir. De partager, aussi, ce qu'on vit. Et je crois que le simple fait de le ressentir nous permet de le transporter.

Mais l'amour, est-ce que c'est lourd? Ah, non, ça, je ne le crois pas. Avoir en soi, rencontrer et transporter l'amour, ça reste léger. Si c'est lourd, peut-être qu'il ne s'agit pas d'amour, mais d'autre chose.

L'amour, on le trouve partout, quand on se sent prêt à l'accueillir dans son cœur. Même dans les situations difficiles, l'amour existe, mais il peut être plus difficile à trouver : il faut alors le sortir de sa cachette.

L'amour peut être timide. L'amour peut être myope. L'amour peut être impatient, frivole ou passionné.

Mais, tu sais, l'amour – quand c'est vraiment de ça dont il s'agit – est toujours réel. Il rayonne.

Oui, oui : il **rayonne!**

L'amour sort de sa cachette

Il y a de ces moments où l'on se sent fatigué, où la patience a disparu, où l'on s'ennuie, aussi. De ces moments où l'on est très occupé. Et dans ces périodes-là, il se peut que ce qui nous habite semble bien dissimulé. Dans ces moments-là, l'amour peut aussi nous paraître moins facile à trouver, à accueillir et à recevoir.

Je crois qu'il t'est arrivé, toi aussi, de penser que l'amour était bien caché. Je n'arrive pas toujours à bien te l'exprimer. À t'offrir les câlins, à t'ouvrir la porte sur

un sentiment de calme et de paix. Je me
sens bien imparfaite, tu sais. Et je déteste
me fâcher. Pourtant, malgré tous nos
défauts, je t'aime.

Je t'ai aimée au moment où j'ai su que tu
habitais mon bedon. Je t'ai aimée lorsque
tu en es sortie. Je t'ai aimée quand tu
pleurais et quand tu hurlais aussi. Je t'ai
aimée lorsque tu t'es mise à marcher, à
courir, à disparaître.

D'année en année, je t'ai aimée avec mon cœur, en te regardant grandir et en marchant à tes côtés, peu importe ton état ou le mien.

En marchant à tes côtés

Je t'ai aimée avec toutes tes qualités, tous tes défauts et toutes les différences qui font de toi une personne unique et précieuse.

Je t'aime encore, même lorsque je me sens en colère. Je t'aime lorsque tu me déteste. Et je t'aimerai toujours, peu importe tes goûts, tes choix et tes convictions.

Tu sais, nous ne serons pas tout le temps du même avis, mais cela n'affecte pas l'amour. Ce qui compte, c'est d'apprendre à vivre heureux, à croire en soi, à avoir confiance. Apprendre à se sentir en sécurité et à t'approprier cet amour qui est là, depuis toujours.

Parfois, il semble caché, c'est vrai. Mais il existe. Et personne ne peut te l'enlever.

L'amour, c'est ce qui compte. Et c'est à cause de l'amour que tu es ici, que tu respires, que tu vis, que tu lis et que tu grandis. Prends-en bien soin. Ne le laisse pas s'éteindre. Fais-le grandir avec toi.

Prendre soin de l'amour

L'amour peut être un défi, c'est vrai.

Heureusement, tu es futée. Tu trouveras

une façon de le relever, d'en rire et de

répondre aux mille questions qui

apparaissent sur le bout de ta langue.

Souviens-toi que peu importe l'endroit où

tu te trouves, quelque soit ton état d'esprit

(la façon dont tu te sens), tu seras habitée

par cet amour à chacune des secondes de ta

vie. C'est une grande richesse.

Et c'est aussi ce qui te permettra de réaliser tes rêves, de rejoindre tes buts, de te fixer des objectifs et de cueillir le bonheur un peu partout.

Je t'aime

Cueillir l'amour et le bonheur

Écrit par Izna

L'amour, c'est comme une fleur le jour

Brillante et scintillante

Encore plus appétissante

Comme un coucher de soleil

L'amour nous émerveille

Comme une douce pluie la nuit

Quand on s'endort dans ses bras d'or

Comme un cristal qui brille et qui scintille

Quand on l'a, on ne le lâche pas.

Izna

À propos de l'auteure

Isabelle est une artiste, une auteure, une sportive et aussi une maman à l'imagination débordante. Elle aime les défis autant qu'elle adore créer. Son grand plaisir : savourer la vie!

Isabelle Bernier

isabellebernierconnexion@gmail.com

Magog-Orford, Québec

www.ingramcontent.com/pod-product-compliance
Lightning Source LLC
Chambersburg PA
CBHW041810040426
42449CB00001B/45